Mascha Kaléko
Wie's auf dem Mond zugeht

Mascha Kaléko

Wie's auf dem Mond zugeht

Mit Zeichnungen
von Rolf Köhler

Jan Thorbecke Verlag Sigmaringen

CIP-Kurztitelaufnahme der Deutschen Bibliothek

Kaléko, Mascha:
Wie's auf dem Mond zugeht / Mascha Kaléko.
Mit Zeichn. von Rolf Köhler. – Sigmaringen:
Thorbecke, 1982.
  ISBN 3-7995-1640-9

© 1982 by Jan Thorbecke Verlag GmbH & Co. Sigmaringen

Gesamtherstellung: M. Liehners Hofbuchdruckerei GmbH & Co., Sigmaringen
Printed in Germany · ISBN 3-7995-1640-9

Liebe Kinder,

hier findet ihr Verse zum Lesen und Vorlesen und
auch solche zum Aufsagen

Liebe Eltern,

gern dürft ihr euch dieses Buch ausleihen.
Aber – bitte nicht stibitzen

Die vier Jahreszeiten

Zum Aufsagen für vier Kinder

Der Frühling

Mit duftenden Veilchen komm ich gezogen,
auf holzbraunen Käfern komm ich gebrummt,
mit singenden Schwalben komm ich geflogen,
auf goldenen Bienen komm ich gesummt.
Jedermann fragt sich,
wie das geschah:
auf einmal
bin ich
da!

Der Sommer

Ich bin der Sommer. In erbsgrünen Hosen,
kirschrotem Wams zieh ich lustig einher.
Heb ich den Finger, blühen die Rosen.
Heb ich die Hand, rauscht die Welle im Meer.
Spiel ich die Flöte, tanzt der Delphin,
duftet's nach Wiesengrund und nach Jasmin.

Der Herbst

Ich bin, das läßt sich nicht bestreiten,
die herbste aller Jahreszeiten:
Rauhe Winde, scharf wie Säbel,
welke Wälder, graue Nebel.
Die Vögel klagen leise, leise
und gehen auf die Winterreise.
Dann lischt die Sommersonne aus.
Holt eure Gummischuhe raus!

Der Winter

Die Pelzkappe voll mit schneeigen Tupfen,
behäng ich die Bäume mit hellem Kristall.
Ich bringe die Weihnacht und bringe den Schnupfen,
Sylvester und Halsweh und Karneval.
Ich komme mit Schlitten aus Nord und Nord-Ost.
– Gestatten Sie: Winter. Mit Vornamen: Frost.

Advent

Der Frost haucht zarte Häkelspitzen
perlmuttergrau ans Scheibenglas.
Da blühn bis an die Fensterritzen
Eisblumen, Sterne, Farn und Gras.

Kristalle schaukeln von den Bäumen,
die letzten Vögel sind entflohn.
Leis fällt der Schnee ... In unsern Träumen
weihnachtet es seit gestern schon.

Der Mann im Mond

Der Mann im Mond hängt bunte Träume,
die seine Mondfrau spinnt aus Licht,
allnächtlich in die Abendbäume,
mit einem Lächeln im Gesicht.

Da gibt es gelbe, rote, grüne
und Träume ganz in Himmelblau.
Mit Gold durchwirkte, zarte, kühne,
für Bub und Mädel, Mann und Frau.

Auch Träume, die auf Reisen führen
in Fernen, abenteuerlich.
– Da hängen sie an Silberschnüren!
Und einer davon ist für dich.

Wie's auf dem Mond zugeht

Wißt ihr wohl, wer auf dem Mond
mit der Mondfamilie wohnt?
Mondkalb mit den Sonnenflecken,
Mondhirt mit dem Schäferstecken
und der goldnen Bambusflöte.
Tief im Krater – eine Kröte
aus dem Ur-Ur-Urgroßwald,
siebentausend Jahre alt.

In der heißen Vollmondzone
bräunt von selbst die Kaffeebohne,
kocht im Hühnerstall das Ei,
reifen Pfirsich und Banane.
Dazu holt man sich die Sahne
für den Nachtisch, eins, zwei, drei,
aus der Milchstraß-Molkerei.

Schnecken laufen droben schneller
als bei uns die Jet-Propeller
ohne jeglichen Krakeel!
Alle Pferde sind dort heilig.
Darum nimmt man, hat man's eilig,
rasch ein »Fliegendes Kamel«.
Löwen, Tiger, Elefanten
und noch andere Giganten
kennt man dort nur haustierzahm.

Regnet's, regnet's Diamanten
auf dem himmlischen Trabanten.
Doch der Sommer ist infam!
Hitzefrei gibt's schon am Morgen.
Für Planetenkühlung sorgen,
wie ich höheren Orts vernahm,
die Windsbraut und ihr Bräutigam.

In den düstern Mondessümpfen
watet man in Lederstrümpfen
durch Korallen, hoch wie'n Haus.
Krokodile, Wasserschlangen
strecken ihre ellenlangen
Zangen in den Weltraum aus.
Selbst die Pflanzen sind barbarisch
und oft gar nicht vegetarisch:
Kalbfleischfressende Kakteen
gibt's dort überall zu sehn.
Hu!

Es regnet

Es regnet Blümchen auf die Felder,
es regnet Frösche in den Bach.
Es regnet Pilze in die Wälder,
es regnet alle Beeren wach!

Der Regen singt vor deiner Türe,
komm an das Fenster rasch und sieh:
Der Himmel schüttelt Perlenschnüre
aus seinem wolkigen Etui.

Vom Regen duften selbst die Föhren
nach Flieder und nach Ananas.
Und wer fein zuhört, kann das Gras
im Garten leise wachsen hören.

Wer kommt mit nach Alaska?

In Alaska, wie man weiß,
steht ein Berg aus Sahneeis.
Links Vanille, rechts Zitrone,
obendrauf 'ne Mokkabohne.
Ananas, Krokant, Banane
schwimmen in gefrorner Sahne.
Täglich schneit's dort Marzipan,
sagen alle, die es sahn.

    Willst du an den Leckereien
    in Alaska dich erfreuen,
    darfst du eins vor allen Dingen
    nicht vergessen mitzubringen:
    Schüsselchen und Eßbesteck!
    Sonst schickt man dich wieder weg.

In Alaska ist es kalt,
Weihnachtsbäume stehn im Wald,
fein geschmückt mit hellen Kerzen,
bunt behängt mit Zuckerherzen,
Schokoladen, Mandelschnitten,
Puppenwagen, Rodelschlitten.
Immer ist dort Feiertag,
jeder nimmt sich, was er mag,
Apfelstrudel und Baiser,
und kriegt doch kein Magenweh.

    Willst du an den Schleckereien
    in Alaska dich erfreuen,
    iß dein Süppchen etwas schneller!
    Denn wir müssen deinen Teller
    und das Löffelchen noch waschen,
    um den allerletzten Zug
    nach Alaska zu erhaschen.
    Ist das Eßbesteck nicht rein,
    lassen sie uns nicht hinein.

Wenn ich eine Wolke wäre

Wenn ich eine Wolke wäre,
segelt' ich nach Irgendwo
durch die weiten Himmelsmeere
von Berlin bis Mexiko.
Blickte in die Vogelnester,
rief die Katzen auf dem Dach,
winkte Brüderchen und Schwester
morgens aus dem Schlafe wach.

Wenn ich eine Wolke wäre,
zög ich mit dem Wüstenwind
zu den Inseln, wo die Menschen
gelb und mandeläugig sind
oder braun wie Schokolade
oder mandarinenrot,
wo die Kokosnüsse wachsen,
Feigen und Johannisbrot.

Herr Schnurrdiburr

Schnurrdiburr, das Katertier,
ist ein echter Kavalier.
Hockt getreulich vor dem Garten,
meine Heimkehr zu erwarten,
schnurrt, wo ich auch geh und steh,
weil ich Katzen-Deutsch versteh.

Schwänzchen wedeln heißt: »Hurra!«
Buckel krümmen aber: »Na!«
Und was heißt wohl Pfötchen krallen?
»Das laß ich mir nicht gefallen.«
Schnurrt der Kater, dann ist's gut.
Knurrt er, das bedeutet: Wut.

Schnurrdiburr, das Katertier,
dachte ich, gehöre mir.
Doch es will mir nicht gelingen,
Schnurrdiburr das beizubringen.
Er erteilte mir die Lehre,
daß vielmehr ich *ihm* gehöre!

Schnurrdiburr, das Katertier,
nascht genauso gern wie ihr.
Maus-Kotelett und Bücklingsschwarte
stehn auf seiner Speisekarte.
Doch verschmäht er keineswegs
Milchrahm oder Leibnizkeks.

Schnurrdiburr, das Katertier,
liebt Musik so gut wie ihr.
Cello, Pauke, Violine
hört er an mit Kennermiene,
schwärmt für Mozart, Strauß und Grieg
und der Katzen »Nachtmusik«.

Der Schmutzfink

Der Schmutzfink ist, das glaubet mir,
kein sehr beliebtes Vogeltier.
Man weiß, daß er
      sein Nest beschmutzt,
      sein Gefieder nicht putzt,
      seine Krallen nicht stutzt,
ja, nicht einmal den Papierkorb benutzt.

Läßt er im Grünen sich wo nieder,
so fliegen die andern davon in Scharen.
Davor mag uns der Himmel bewahren:
den Schmutzfink zum Nachbar?
Einmal und nicht wieder!

Der Schmutzfink ist, das seht auch ihr,
kein sehr beliebtes Vogeltier.

Wenn ich eine Motte wäre

Wenn ich eine Motte wäre,
tanzte ich vergnügt ums Licht,
Lampen- und Laternenlicht,
Kerzenlicht im Kandelaber.
Niemand sagte: »Aber, aber…!
Achtung vor der Lichtputzschere!«
– Wenn ich eine Motte wäre.

Wenn ich eine Motte wäre,
äße ich zum Mittagsmahl
etwas warmen Kaschmir-Schal,
– Lieblingsspeise aller Motten!
Dann zum Nachtisch: bunten Schotten-
Wollstoff. Und zum Tee
irgend etwas aus Bouclé.

Schlechtwetterlied

Tropfen klopfen an die Scheiben!
Soll'n wir gehen? Soll'n wir bleiben?
Peter kann sich nicht entscheiden,
er mag jedes Wetter leiden.
    Scheint die Sonne, geht man aus.
    Regnet's, bleibt man gern zu Haus.

Viel zu tun hat Peter immer,
draußen oder drin im Zimmer.
Draußen spielt er gern Indianer,
drinnen lieber Eisenbahner.
    Ob es donnert oder blitzt,
    Peter bastelt, malt und schnitzt.

Regentropfen an den Scheiben,
ihr mögt gehen oder bleiben.
Schön verfliegt uns jede Zeit,
ob es regnet oder schneit.
    Peterchen zieht kein Gesicht.
    Schlechtes Wetter? Gibt es nicht!

Der Zirkus

Der Zirkus kam heut morgen an
im rotgestreiften Wagen.
Am Fußballplatz, gleich nebenan,
sind Zelte aufgeschlagen.
Horch, auf der Straße hörst du's schon!
Da kommt die bunte Prozession,
mit Pauken und Trompeten
und Tamburin und Flöten.

Als erster Tschang, der Akrobat,
mit seinem riesigen Plakat.
Danach die Musikanten
und sieben Elefanten!
Es folgt das wilde Pußta-Pferd,
der zahme Bär, der Dreirad fährt,
im Kopfschmuck ein Indianer
und zehn Liliputaner.

Nun kommt ein Seehund, der jongliert,
ein Äffchen, das sich selbst rasiert –
da jubeln die Passanten!
Und wieder Elefanten.
Ein Feuerschlucker! Der hat Mut.
Sein Leibgericht ist Kohlenglut.
Was guckt er nur so schüchtern?
Der ist gewiß noch nüchtern.

Ein Türke schwenkt 'nen roten Fez,
ein Fräulein schwebt an dem Trapez.
Es glitzert von Brillanten!
Und wieder Elefanten.
Nun kommt, recht drollig anzuschaun,
mit einem Purzelbaum – der Clown
und ein Fakir, sooo mager,
auf seinem Hungerlager.

Der Zirkus kam heut morgen an,
das wissen alle Kinder.
Sie drängeln sich schon um den Mann
im goldenen Zylinder.
Sein Arm ist hellblau tätowiert.
Horch, wie er brüllt! »Herrreinspaziert!
Soldaten, Kinder, Greise
und Zwerge – halbe Preise.«

Frau Wegerich

Frau Wegerich, die stammt aus Sachsen.
Darum ruft sie ihren Peter: *Beder*
und Paulchen: *Baule.* Und doch weiß jeder
von den zwei frechen Wegerich-Dachsen,
wen die Mutter gerufen hat!

Das ist weiter keine Schande.
So ist das nämlich in manch anderm Lande,
ja sogar oft schon in manch andrer Stadt,
daß sie da »d« sagen statt »t«
oder auch »b« statt »p«.
Das gilt dort als Sitte und Brauch.

In Berlin, zum Beispiel, sagen wir auch
»icke« zuweilen, anstelle von »ich«.
Und doch weiß jeder, daß der Berliner
mit »icke« nicht dich meint oder mich,
sondern nur sich.

In Schwaben schwäbeln sie. Und wenn der Wiener
sein Mädchen nennt ein »süaßes Madel«,
versetzt sie ihm durchaus keinen Tadel,
sondern eher noch einen Kuß.
Weil man den Menschen so reden lassen soll,
weil man womöglich einen jeden lassen soll,
wie er nun mal ist und sein muß.
Schluß.

Vetter Klaus aus Altona

Mein Vetter Klaus aus Altona,
der ist ein Leichtmatrose.
Heut ist er hier und morgen da
in seiner Seemannshose.
Mit seinem Käppi in der Hand
bereist er manches ferne Land.
    Sticht er in See,
    heißt es Ade
    und viele Wochen: Warte!
    Aus Süd und Ost
    kommt mit der Post
    'ne bunte Ansichtskarte:
    Es grüßt euch und die Großmama
    der Vetter Klaus aus Altona.

Mal schickt er uns den KÖLNER DOM
und mal den TURM VON PISA.
Und kommt er irgendwann nach Rom,
besucht er Tante Lisa.

Matrosen, sagt der Vetter Klaus,
sind beinah überall zu Haus.
    Ein Krokodil
    sah er am Nil,
    Delphine in Italien.
    'nen Elefant
    hat er gesandt
    per Karte aus Australien.
    Selbst Walfischflossen, ganz famos!
    aß er schon bei den Eskimos.

In Tokio nahm er seinen Reis
mit Stäbchen, wie'n Japaner.
Er hat in seinem Freundeskreis
viel braune Mexikaner.
Die Menschen, sagt der Vetter Klaus,
sehn bloß von außen anders aus!

Opas Pille

Für alles hat Opa 'ne wirksame Pille:
für Husten und Schnupfen und mangelnden
Schlummer,
für Bauchweh und Zahnweh und Liebeskummer.

Die Pille heilt Dummheit und Häßlichkeit,
doch leider nicht Opas Vergeßlichkeit:
     Mal sucht er die Brille,
     mal sucht er die Hülle,
     und manchmal sucht Opa sogar seine
     Pille!

Opas Muschel

Opa hat sich vom Nordseestrande
eine Riesenmuschel mitgebracht.
Mattsilber, mit Himbeerrosa gemischt.
Die hat er in Kampen sich aus dem Sande
gefischt.

Von außen besehn,
scheint das Gehäuse ganz leer
innen.
Aber das Meer
ist heimlich da drinnen.
Horch, wie es rauscht,
wenn man dran lauscht!

Sogar die schnellen,
schäumenden Wellen,
wie sie flüstern und tuscheln,
und auch den Wind
in den Disteln und Föhren...
Das alles kannst du darinnen hören!
Weil nämlich die Muscheln
so stille sind.

Theodor

Mit Theodor spielen die Kinder nicht mehr.
Mit Theodor, heißt es, ist's gar nicht weit her:
    mogelt beim Murmelspiel,
    petzt in der Klasse,
    hilft nicht mal Blinden
    bis über die Gasse.
    Im Bus hockt er immer
    wie angeklebt,
    bis sich ein anderer
    höflich erhebt.
    Lügt seiner Mutter
    frech ins Gesicht.

Nein, nein! Mit Theodor spielen wir nicht,
sagen die Kinder vom Schillerpark.
    Steckt seine Nase
    in jeden Quark,
    klatscht wie 'ne Kaffeebase.
    Riesenschnauze und Herz wie'n Hase!
    Stänkert wie'n Käse.
    Ist immerfort »böse«.
    Quält seine Katze
    und ärgert den Hund,
hat ewig den Wiederkaugummi im Mund.
Gibt keinem was ab von den leckeren Bissen.
Von Theodor wollen die Kinder nichts wissen!

Eine kleine Schwester

Ein nagelneues Schwesterlein
kam heute über Nacht.
Das weint und greint,
die Mutter meint:
Es lernt noch, wie man lacht.
's ist halt noch dumm,
das Kleine. Drum
schreit es: »U-aa, u-aaaa«!
Hab keine Angst, du Klitzeklein!
Ich will dein großer Bruder sein.
Mein klitzekleines Schwesterlein,
ich bin ja auch noch da!

Große Wäsche

Jeden Montagmorgen wird gewaschen,
weil die Menschen gerne reinlich sind.
Mittags schaukeln Hemden, Laken, Taschen-
tücher blütenweiß im Frühlingswind.
    Und mit Seifenblasen spielt das Kind.

Sieht im Spiegel dieser Seifenblasen
eine Schaumwelt, die vorüberschwirrt:
Dort hängt auch 'ne Leine überm Rasen!
Dort spielt auch ein Kind mit Seifenblasen!
Dort steht auch ein Haus mit Blumenvasen!
    Und das Kind entdeckt beglückt, verwirrt,
    daß dort montags auch gewaschen wird.

Doktor Vielfraß

Weil er zu gerne Törtchen aß
und Sahneeis im Übermaß,
weil Schokolade und Konfekt
ihm nur in großen Mengen schmeckt,

weil Mokkakrem er und Krokant
vorzüglich schon zum Frühstück fand,
und Majonäsen, Räucheraale
sein »Imbiß« war vorm Mittagsmahle,

weil er zu viele Gläschen leerte
und auf der Freunde Rat nicht hörte,
wuchs ihm ein Schmerbauch, wie ihr seht.
O weh! Wohin der Mann auch geht,
marschiert sein Fettwanst ihm voran.
Und hinterdrein erst
kommt
der
Mann.

So was von Bauch. Ist das nicht toll?
Der hat ja alle Hände voll.

Drei Kochrezepte kinderleicht

1. Wie man Wasser
schnell zum Kochen bringt

Nicht mehr Wasser auf das Feuer
als gebraucht wird im Moment.
– Achtet drauf, denn Gas ist teuer,
daß die Flamme richtig brennt.
Nicht zu klein und nicht zu groß.
So, und nun geht's wirklich los:
Psch-t!

Wenn man so mit leeren Händen
müßig vor dem Kessel steht,
scheint das Warten nie zu enden.
Doch wie rasch die Zeit vergeht,
wenn die Hände, statt zu ruhn,
etwas tun!

Etwas. Keine großen Sachen
in der kurzen Wartepause.
Kessel muß man überwachen.
Klare Sache. Doch im Hause
gibt's an Pflichten fast ein Dutzend.
So, zum Beispiel, Gläser putzend,
Blumen gießend, fliegt die Zeit –
Pschttttttttt! Das Wasser ist bereit.

2. Wie man Muttis
schnell zum »Kochen« bringt

Eine Woche aus dem Haus:
Hu, wie sieht die Küche aus!
    Töpfe, Pfannen und Bestecke
    wuchern wild in jeder Ecke.
Küchenfliesen grau und speckig,
Küchenhandtuch kaffeefleckig.
    Essigflasche unverkorkt,
    Reibe – »unbekannt« verborgt.
Abfallkorb zum Bersten voll.
Nicht ein Ding, wo es sein soll!
    Weinbespritzt die Damasttücher.
    Aus den Ritzen krabbeln – Viecher!
Gläser, Teller, Untertassen
türmen sich in nassen Massen.
    Kurz: Ein Abwasch von drei Wochen!
    das bringt Muttis schnell zum »Kochen«.

3. Wissenswertes über den Tee

Aus Indien kommt der schwarze Tee,
aus Japan kommt der grüne.
Den Kräutertee, hat man ein Weh,
trinkt man mit Duldermiene.

Man schlürft ihn heiß
und auch auf Eis,
mit Sahne und Zitrone.
Sogar mit Rum!
Wißt ihr warum?
– Denn letztrer schmeckt auch »ohne«!

Als Medizin
und zum Genuß,
teils, weil man will,
teils, weil man muß.

In Rußland trank einstmals der Zar
den »Tschaj« aus goldnem Samowar.
Und auch der Engländer sagt nie:
»No, no!« zu einer »Kapp off Tieh«.

Bei uns zu Haus ist Tee beliebt,
sofern es keinen Kaffee gibt.
Ein guter Tee, ob schwarz, ob grün,
braucht fünf Minuten, um zu ziehn.

———————

Merkt euch, was die neuen
Wörter bedeuten:
Tschaj auf russisch: Tee
No, no! heißt natürlich: nein, nein!
Kapp off Tieh (cup of tea)
auf englisch: Tasse Tee
Samowar eine russische
Teemaschine aus alter Zeit
Zar – aber das wißt
ihr selber: der Kaiser
im alten Rußland

Limericks für Kinder

Wer von euch sagt es mir ganz fix,
was das wohl sein mag: »Limericks«?
– Fünfzeiler sind es, meist zum Lachen.
Wer Witz hat, kann sie selber machen.

Nummer Eins

Da gab's einen Bäcker in Kassel,
der hörte des Nachts ein Gerassel.
Er durchsuchte das Haus
und fand eine Maus.
– Seitdem gibt es Katzen in Kassel.

Nummer Zwei

Es ärgert sich einer in Gießen,
daß ihn seine Nachbarn nicht grüßen.
Doch er zog seinen Hut,
wie's ein Gentleman tut.
Nun grüßt ihn ein jeder in Gießen.

Nummer Drei

Ein Vielfraß verzehrte in Lübeck
zum Frühstück zwölf Lübecker Zwiebäck,
bestellte gleich nach:
Zehn Dutzend und sprach:
»Von Lübeck, da geh ich jetzt nie weg!«

Nummer Vier

Den Damenfrisör in Saarbrücken
ein Läuslein tat mörderlich jücken.
Ab schnitt er sein Haar
und warf's in die Saar.
Seitdem trägt er nur noch Perücken.

Nummer Fünf

Ein Schwindler kam einst in Stralsund
vom hohen Roß stracks auf den Hund.
Man warf ihn hinaus,
nun erzählt er zu Haus,
Das Klima sei dort nicht gesund.

Abzählverse

Klingeling, die Feuerwehr!
Feuer ist drei Stunden her.
Klingeling, die Polizei,
kommt sie, ist es schon vorbei,
hat die Maus schon ihren Speck.
Du
mußt
WEG!

Unke, Tunke,
Tee mit Rum,
dreh dich einmal,
zweimal um.
Wer bis drei
nicht zählen kann,
der
ist
DRAN!

Den Sonntag mag ein jeder gern

Der Sonntag kommt auf leisen Socken,
im schwarzen Rock, mit Silberlocken,
mit Himmelsblau und fernen Glocken,
den Psalter in der Hand.

Im weißen Hemd voll bunter Borten,
mit Bratenduft und Apfeltorten
und Sonntagsstille allerorten,
so zieht er durch das Land.

Am Rucksack einen Strauß von Flieder,
streckt er am Abend seine Glieder,
dann singt er seine Abschiedslieder
und schwindet unerkannt.

Schlafliedchen

Sieh, im blauen Nachtgewande
geht der müde Tag zur Ruh.
Fischer kehren heim vom Strande,
Eule gähnt im Wald »huhu«...
Selbst im Papageienlande
macht das Gnu
die Augen zu.
Na, und du?

Vor Tische zu sagen

Dem, der das Saatkorn ausgesät,
dem, der die Halme abgemäht,
dem, der sie trug zur Scheuer.
Dem, der gemahlen Korn und Schrot,
dem, der bei Nacht am Feuer
uns allen buk das gute Brot.

Ihm, der den Regen sandte
und Sonnenschein zur Zeit –
dem danke nun ein jeder,
der sich aufs Essen freut.

Wie's auf dem Mond zugeht

– tja, ihr habt es ja inzwischen gemerkt: Um den Astronauten-Mond handelt es sich hier nicht. Sondern um den etwas vereinsamt gewordenen Mond der Dichter. Und der Märchen. Dort gibt's den »Ur-Ur-Urgroßwald, siebentausend Jahre alt«. Und dergleichen mehr. Glaubt ihr wohl, daß sogar berühmte Mathematiker und Physiker noch etwas übrig haben für den altmodischen Dichter-Mond? Von einem wissen wir's. Von einem ganz Großen, der sich für allerhand Monde und Lichtjahre und Welträume interessierte. Er hieß: Einstein. Albert mit Vornamen.

Der las sogar Gedichte. Und hat ganz wunderbare Leserbriefe an die Autorin geschrieben. In seinem Studierzimmer, zu Princeton, in Amerika las er damals ihr ganzes Versbuch durch, »auf einen Sitz«. Das sollt ihr aber möglichst nicht tun. Hebt euch was auf für morgen und ein andermal.

Dies rät euch eure
Mascha Kaléko

Nachwort

»Wie's auf dem Mond zugeht« mit den phantasievollen und die Phantasie anregenden Bildern von Rolf Köhler ist endlich wieder für »Kinder aller Jahrgänge« da.

Gewidmet hat es die Autorin:
>»Meinen besten Freunden:
Den Kindern – und ihren Eltern«

Mascha Kaléko wollte zu vielen Menschen sprechen, sich in Versen direkt mitteilen, so unkompliziert wie möglich; eine Unkompliziertheit, die gar nichts mit Banalität zu tun hat, wohl aber mit den kleinen und großen Dingen des Lebens. Sie schrieb Gedichte voller Einsicht, Melancholie und Witz. Wie ein Wasserzeichen durch's Papier schimmert bei ihr zwischen den Zeilen eine feine Ironie, eine unverwechselbare Mischung aus Verspieltheit, Humor und einem Hauch Wehmut.

In den fünfziger Jahren hatte Mascha Kaléko in New York, im Exil, angefangen, Kindergedichte und Limericks zu schreiben. In diesen spielerischen Gedichten löste sie sich von den sogenannten höheren Ansprüchen der ›ernsthaften‹ Lyrik und steuerte in den Sprachspielen einem Gegenpol zu, entfernte sich bewußt von ihren Erlebnisgedichten oder vielmehr von dem, was sich innerhalb ihres Emigrantenschicksals dem sprachlichen Ausdruck entzog.

Mascha Kaléko versuchte, sich selbst wieder zu finden. Brachten ihr die heiteren Verse auf friedlichste Weise Entlastung von Druck und Spannung der bedrohten realen Lebenssituation? Sie knüpft mit diesen Kindergedichten und Sprachspielen an gewisse Verse aus den dreißiger Jahren an. Sie kehrt aber nicht zu gesellschaftlichen und biographischen Problemen zurück, sondern siedelt ihre Kindergedichte und Scherzverse im Reich der Phantasie an.

Thalwil, den 7. September 1982   *Gisela Zoch-Westphal*

Die Autorin

Mascha Kaléko wurde 1907 als Tochter eines russischen Vaters und einer österreichischen Mutter im galizischen Schidlow (heute Chrzanow) geboren. Der Erste Weltkrieg verschlug die Familie nach Marburg. Zweite, fast schon eigentliche Heimat wurde in den zwanziger Jahren Berlin, wo die junge Kaléko Anschluß an die literarische Bohème vor allem des Romanischen Cafés fand. Im Januar 1933 erschienen ihre Verse erstmals gesammelt als Buch unter dem Titel »Das Lyrische Stenogrammheft«, das mittlerweile eine Auflagenhöhe von 130000 Exemplaren erreicht hat.

Mascha Kaléko emigrierte 1938 in die USA, von wo sie mit ihrem Mann, dem Musikwissenschaftler Chemjo Vinaver, 1966 nach Israel übersiedelte. Sie erwog zuletzt noch die Rückkehr nach Berlin, doch der Tod kam ihr zuvor – sie starb 1975 in Zürich, auf einer Reise von Berlin nach Jerusalem.

Heute steht Mascha Kaléko nach dem Bulletin des PEN-Zentrums – hinter Goethe – an zweiter Stelle der Verkaufsliste deutschsprachiger Gedichte. Weitere Werke: »In meinen Träumen läutet es Sturm«, dtv; »Das lyrische Stenogrammheft«, »Verse für Zeitgenossen«, Rowohlt Taschenbuch; »Das himmelgraue Poesie-Album«, »Horoskop gefällig«, »Heute ist morgen schon gestern«, »Der Gott der kleinen Webefehler«, »Der Papagei, die Mamagei und andere komische Tiere«, arani-Verlag; »Tag- und Nachtnotizen«, Eremiten-Presse.